玉ㄩˋ山ㄕㄢ來ㄌㄞˊ的ㄉㄜ天ㄊㄧㄢ籟ㄌㄞˋ

【 古ㄍㄨˇ諾ㄋㄨㄛˋ楓ㄈㄥ小ㄒㄧㄠˇ朋ㄆㄥˊ友ㄧㄡˇ的ㄉㄜ快ㄎㄨㄞˋ樂ㄌㄜˋ童ㄊㄨㄥˊ謠ㄧㄠˊ 】

玉ㄩˋ山ㄕㄢ來ㄌㄞˊ的ㄉㄜ天ㄊㄧㄢ籟ㄌㄞˋ

【古ㄍㄨˇ諾ㄋㄨㄛˋ楓ㄈㄥ小ㄒㄧㄠˇ朋ㄆㄥˊ友ㄧㄡˇ的ㄉㄜ快ㄎㄨㄞˋ樂ㄌㄜˋ童ㄊㄨㄥˊ謠ㄧㄠˊ】

目　錄

出版緣起

　　親愛的小朋友，不知道你有沒有發現：大家越來越重視原住民文化？原住民小朋友也開始學習自己群族的文化？

　　在布農族部落中，大至祭典活動、狩獵、農耕，小至日常生活一切事物都與音樂密不可分，而大家熟知的八部合音，有如天籟一般，就是布農族在音樂方面珍貴的資產之一。

　　歌謠代表了布農族文化的精髓。在這本電子書中，我們邀請了花蓮縣卓溪鄉古諾楓社區的小朋友，由他們自己唱四首布農族童謠歌曲。錄製的過程中，布農族的老人家同時也指導小朋友，更認識傳統的語言、音樂和文化。同時，我們也請布農族小朋友畫下歌謠中的故事，從畫紙上，可以看見他們的天性與貼近自然的快樂。

　　古諾楓社區是花東縱谷中，相當偏遠的一個小村落。最近幾年，在社區中，有長輩捐出了家裡的停車庫，建立了一個數位機會中心的電腦教室。感謝蘇美琅校長熱心穿針引線，花蓮縣和卓溪數位機會中心全體同仁的努力，才讓學習數位科技的小朋友，有機會參與電子書的製作，讓縱谷中的天籟能夠讓更多人聽見，也召喚更多人一同為保存布農族的文化而努力！

八部合音的內涵

我們現在常聽到的「八部合音」其實指的是「Pasibutbut」（祈禱小米豐收歌），這首歌曲是傳統布農族在每年二月播種祭之前，所演唱的祭歌。

在1943年時，日本音樂學者黑澤隆朝在台東縣鳳山郡里壠山社（現今的台東縣海端鄉崁頂村）採錄到這首歌曲，並將錄音寄到聯合國文教組織，驚豔了許多著名的音樂學者，才讓這首歌曲揚名國際。

小米是布農族人重要的作物，在每年整地完畢到播種祭典開始之前，透過集體演唱這首歌曲，把布農族人的心願及祈求傳達給天神。一方面為了祈求豐收，另一方面也為了謝神，所以演唱時必須嚴肅且態度莊嚴。部落裡的老人家都會交代，演唱時有很多要注意的禁忌和限制，所以孩子們都會覺得這首歌相當具有神秘感。

八部合音的演唱方式，由八到十二人組成，基本上必須維持偶數。並由具有領導地位的族人來領唱。演唱時間沒有限制，依團體默契、熟練度，及領唱人與合唱團隊當時的狀況決定。演唱時，圈內放置種粟一串，而歌者需圍成圓圈，雙手向外伸開且放在左右同伴背後腰際，以逆時鐘方向慢慢的移動，並用最虔敬的心情來演唱。

八部合音的起源

　　關於八部合音的身世之謎，從目前仍然演唱此歌曲的幾個村落中，綜合學者調查結果，可發現有下列三種不同的傳說：

1. 高雄縣郡社群的布農族：

　　布農族的祖先們在某次狩獵行動中，忽然看見山谷中的瀑布流瀉而造成巨大的迴響，令人產生肅穆敬畏的感覺，而當年小米產比起過去任何一年都要豐盛，因此聯想或許是天神賜福給族人，於是部落中這些男子模仿瀑布的聲響，並傳頌下去，代代相傳。

2. 台東縣境內郡社群及南投縣信義鄉（明德、羅娜）布農族：

　　在某次狩獵時，祖先發現了一棵中空的巨大枯木橫倒於地，此時木中成群的蜜蜂展翅嗡嗡作響，與巨木形成如天籟般的共鳴，族人非常雀躍。於是模仿唱出聲響，並代代相傳下去。

3. 花蓮縣卓溪鄉崙天部落巒社群布農族：

　　在收割的季節時，祖先聽到成群結隊的小鳥振翅疾飛過小米田的聲音，而認為是豐收的吉兆，於是族人便開始模仿小鳥振翅的聲音，期望每年都可以有大豐收，便成了這首歌曲。

　　因為這些傳說的年代都很久遠了，沒有一個確切的答案。有興趣的小朋友將來可以當個人類學家，到田野中幫我們解開「八部合音」的身世之謎。

八部合音的原音重現

【 祈禱小米豐收圖 / 卓溪國小 / 高惠君 】

為了聲音能夠共鳴， 演唱者會圍成一圈。

此外唱歌是一種默契， 面對面也可以相互給提示。

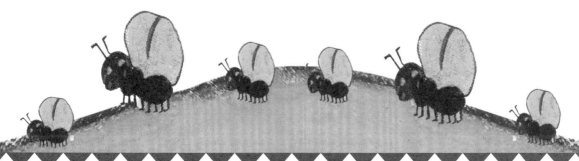

7

布農族童謠四首

　　有別於祭典上莊嚴肅穆的歌曲，布農族童謠則相當詼諧有趣。

　　布農族的生活與大自然密不可分，長輩時常教導孩童要有尊敬上天的觀念。有時大人們也會編一些寓言性的童謠教導小朋友要孝順父母、尊重長者、互相分享和分工的觀念。

nuin tapuskuan 來！螢火蟲　　　　　tasa halu-a 一隻小螞蟻

我們可以在這些童謠的歌詞中發現，孩子唱歌時，同時傳達了過去狩獵時代，原住民的生活型態，以及生態環境。所以在傳唱歌謠的同時，也就把布農族的智慧，傳遞給下一代。

　　布農族人過去以農耕與狩獵為主，狩獵文化是布農族生活中重要的一環，因此布農族的孩童們從小就要學習射箭技巧。隨著時代進步，狩獵的工具一度由弓箭轉變成獵槍，不過現在基於保育觀念，受限於禁獵的法令，只能在布農族的重要祭典中見到相關儀式。

lak kukung 刺狐狸洞　　　　　simah tisbung bav 誰在山上放槍

nuin tapuskuan
來ㄌㄞ！ 螢ㄧㄥˊ火ㄏㄨㄛˇ蟲ㄔㄨㄥˊ

說ㄕㄨㄛ明ㄇㄧㄥˊ：

　　夏ㄒㄧㄚˋ天ㄊㄧㄢ夜ㄧㄝˋ涼ㄌㄧㄤˊ如ㄖㄨˊ水ㄕㄨㄟˇ，小ㄒㄧㄠˇ朋ㄆㄥˊ友ㄧㄡˇ們ㄇㄣ˙到ㄉㄠˋ戶ㄏㄨˋ外ㄨㄞˋ觀ㄍㄨㄢ賞ㄕㄤˇ螢ㄧㄥˊ火ㄏㄨㄛˇ蟲ㄔㄨㄥˊ，要ㄧㄠˋ螢ㄧㄥˊ火ㄏㄨㄛˇ蟲ㄔㄨㄥˊ來ㄌㄞˊ喝ㄏㄜ甘ㄍㄢ甜ㄊㄧㄢˊ的ㄉㄜ˙水ㄕㄨㄟˇ，傳ㄔㄨㄢˊ達ㄉㄚˊ有ㄧㄡˇ福ㄈㄨˊ同ㄊㄨㄥˊ享ㄒㄧㄤˇ的ㄉㄜ˙觀ㄍㄨㄢ念ㄋㄧㄢˋ。

　　螢ㄧㄥˊ火ㄏㄨㄛˇ蟲ㄔㄨㄥˊ的ㄉㄜ˙一ㄧ生ㄕㄥ歷ㄌㄧˋ經ㄐㄧㄥ卵ㄌㄨㄢˇ、幼ㄧㄡˋ蟲ㄔㄨㄥˊ、蛹ㄩㄥˇ和ㄏㄢˋ成ㄔㄥˊ蟲ㄔㄨㄥˊ階ㄐㄧㄝ段ㄉㄨㄢˋ，在ㄗㄞˋ幼ㄧㄡˋ蟲ㄔㄨㄥˊ階ㄐㄧㄝ段ㄉㄨㄢˋ的ㄉㄜ˙螢ㄧㄥˊ火ㄏㄨㄛˇ蟲ㄔㄨㄥˊ是ㄕˋ肉ㄖㄡˋ食ㄕˊ性ㄒㄧㄥˋ，以ㄧˇ蝸ㄍㄨㄚ牛ㄋㄧㄡˊ、蚯ㄑㄧㄡ蚓ㄧㄣˇ等ㄉㄥˇ為ㄨㄟˊ主ㄓㄨˇ食ㄕˊ，到ㄉㄠˋ了ㄌㄜ˙成ㄔㄥˊ蟲ㄔㄨㄥˊ階ㄐㄧㄝ段ㄉㄨㄢˋ則ㄗㄜˊ只ㄓˇ吃ㄔ露ㄌㄨˋ水ㄕㄨㄟˇ、花ㄏㄨㄚ粉ㄈㄣˇ或ㄏㄨㄛˋ花ㄏㄨㄚ蜜ㄇㄧˋ。螢ㄧㄥˊ火ㄏㄨㄛˇ蟲ㄔㄨㄥˊ會ㄏㄨㄟˋ散ㄙㄢˋ發ㄈㄚ美ㄇㄟˇ麗ㄌㄧˋ的ㄉㄜ˙光ㄍㄨㄤ芒ㄇㄤˊ，是ㄕˋ為ㄨㄟˋ了ㄌㄜ˙吸ㄒㄧ引ㄧㄣˇ異ㄧˋ性ㄒㄧㄥˋ繁ㄈㄢˊ衍ㄧㄢˇ下ㄒㄧㄚˋ一ㄧˋ代ㄉㄞˋ。偶ㄡˇ爾ㄦˇ牠ㄊㄚ們ㄇㄣ˙也ㄧㄝˇ利ㄌㄧˋ用ㄩㄥˋ發ㄈㄚ光ㄍㄨㄤ進ㄐㄧㄣˋ行ㄒㄧㄥˊ溝ㄍㄡ通ㄊㄨㄥ和ㄏㄢˋ交ㄐㄧㄠ換ㄏㄨㄢˋ訊ㄒㄩㄣˋ息ㄒㄧˊ，因ㄧㄣ此ㄘˇ不ㄅㄨˊ論ㄌㄨㄣˋ是ㄕˋ成ㄔㄥˊ蟲ㄔㄨㄥˊ還ㄏㄞˊ是ㄕˋ幼ㄧㄡˋ蟲ㄔㄨㄥˊ都ㄉㄡ有ㄧㄡˇ發ㄈㄚ光ㄍㄨㄤ器ㄑㄧˋ。一ㄧˋ般ㄅㄢ而ㄦˊ言ㄧㄢˊ，雄ㄒㄩㄥˊ蟲ㄔㄨㄥˊ的ㄉㄜ˙發ㄈㄚ光ㄍㄨㄤ器ㄑㄧˋ有ㄧㄡˇ兩ㄌㄧㄤˇ節ㄐㄧㄝˊ，而ㄦˊ雌ㄘ蟲ㄔㄨㄥˊ只ㄓˇ有ㄧㄡˇ一ㄧˋ節ㄐㄧㄝˊ。每ㄇㄟˇ種ㄓㄨㄥˇ螢ㄧㄥˊ火ㄏㄨㄛˇ蟲ㄔㄨㄥˊ的ㄉㄜ˙發ㄈㄚ光ㄍㄨㄤ時ㄕˊ間ㄐㄧㄢ和ㄏㄢˋ頻ㄆㄧㄣˊ率ㄌㄩˋ都ㄉㄡ不ㄅㄨˋ同ㄊㄨㄥˊ，只ㄓˇ有ㄧㄡˇ同ㄊㄨㄥˊ種ㄓㄨㄥˇ的ㄉㄜ˙螢ㄧㄥˊ火ㄏㄨㄛˇ蟲ㄔㄨㄥˊ才ㄘㄞˊ能ㄋㄥˊ辨ㄅㄧㄢˋ別ㄅㄧㄝˊ同ㄊㄨㄥˊ伴ㄅㄢˋ發ㄈㄚ出ㄔㄨ的ㄉㄜ˙閃ㄕㄢˇ光ㄍㄨㄤ訊ㄒㄩㄣˋ號ㄏㄠˋ。

　　螢火蟲是夜晚美麗的生物，牠們只棲息在無汙染的環境裡，要是居住地遭到破壞，螢火蟲就會越來越少，以後也可能無法找到牠們的蹤跡，因此好好維護周遭的自然環境，才能年年欣賞到螢火蟲獨特的光芒。

　　位於花蓮縣卓溪鄉山區的南安瀑布，是著名的賞螢地點，每年的六至八月是最佳賞螢時間，但此處屬於管制區，想賞螢要記得辦理入山證喔！

nuin tapuskuan

來㆖！ 螢㆚火㆙蟲㆙ 🎵

nuin   tapus kuan   nuin   tapus kuan

atan daiza   danum ma   mapais

antan iti   danum   ma   madavus

nuin   nuin   nuin   tapus kuan

【生㆖字㆙／片㆙語㆙】

nuin	來㆖	mapais	苦㆙澀㆙
tapus kuan	螢㆚火㆙蟲㆙	antan iti	這㆙裡㆙的㆙
atan daiza	那㆙裡㆙的㆙	ma	很㆙
danum	水㆙	madavus	甘㆙甜㆙

【圖　卓ㄓㄨㄛˊ楓ㄈㄥ國ㄍㄨㄛˊ小ㄒㄧㄠˇ ／ 古ㄍㄨˇ雨ㄩˇ荷ㄏㄜˊ 】

　　一ㄧˊ個ㄍㄜˋ涼ㄌㄧㄤˊ爽ㄕㄨㄤˇ的ㄉㄜ˙夏ㄒㄧㄚˋ夜ㄧㄝˋ， 天ㄊㄧㄢ空ㄎㄨㄥ佈ㄅㄨˋ滿ㄇㄢˇ了ㄌㄜ˙像ㄒㄧㄤˋ鑽ㄗㄨㄢˋ石ㄕˊ般ㄅㄢ的ㄉㄜ˙星ㄒㄧㄥ星ㄒㄧㄥ， 彎ㄨㄢ彎ㄨㄢ的ㄉㄜ˙月ㄩㄝˋ亮ㄌㄧㄤˋ高ㄍㄠ掛ㄍㄨㄚˋ星ㄒㄧㄥ空ㄎㄨㄥ。 兩ㄌㄧㄤˇ隻ㄓ螢ㄧㄥˊ火ㄏㄨㄛˇ蟲ㄔㄨㄥˊ嬉ㄒㄧ遊ㄧㄡˊ於ㄩˊ微ㄨㄟˊ風ㄈㄥ輕ㄑㄧㄥ拂ㄈㄨˊ的ㄉㄜ˙草ㄘㄠˇ原ㄩㄢˊ上ㄕㄤˋ， 牠ㄊㄚ們ㄇㄣ˙是ㄕˋ草ㄘㄠˇ原ㄩㄢˊ的ㄉㄜ˙黃ㄏㄨㄤˊ金ㄐㄧㄣ拍ㄆㄞˋ檔ㄉㄤˋ── 小ㄒㄧㄠˇ黃ㄏㄨㄤˊ和ㄏㄢˋ小ㄒㄧㄠˇ紅ㄏㄨㄥˊ。

【圖 卓楓國小 ／ 古文龍 】

　　嬉戲的小黃和小紅，希望結交新朋友與牠們共享這美麗的草原，共飲甜美的露水，於是牠們比賽誰的光芒最具吸引力。小黃緊閉雙眼，把全部精神集中在屁股上，果然光芒如火炬般明亮。小紅則拿出拿手絕活，屁股一閃一閃地發出友善的訊號，柔和地讓人著迷。「來呀！來呀！螢火蟲」，小紫看到這訊息就飛快地來到草原上。

【圖 卓楓國小／呂函】

　　三隻螢火蟲越飛越高，終於在皎潔的月亮前停了下來，飛累了也口渴了。小紫說：「看！這棵玉米樹上的露珠晶瑩剔透，看起來真好喝」，小紅唱著：「不！不！那裡的露水很苦澀，這裡的露水很甘甜，來呀！來呀！來呀！螢火蟲。」

【圖　卓楓國小／呂函】

　　喝過甜美露水的小紅翩然起舞，牠開心地點燃明亮的螢火。月光、螢光和露珠光相互輝映，這是多麼燦爛的夜晚呀。

【圖：卓楓國小／古雨荷】

　　頑皮的小紫捨不得離開今晚認識的好朋友，小黃和小紅，於是牠提議玩躲貓貓。黎明將至，是回家的時候了，牠們依依不捨地道別，期待夜晚再相見。

tasa halu-a
一隻小螞蟻

　　有一隻小螞蟻，想要扛起一粒花生米，但是提都提不動，跟跟蹌蹌東倒西歪。該怎麼辦？要怎樣完成任務呢？

　　在螞蟻的社會裡，有蟻后、兵蟻、工蟻和雄蟻，牠們依照各自的職責，認真、勤奮完成工作。螞蟻的壽命不一，最長壽的是蟻后，能活十六、七年，其次是兵蟻和工蟻，壽命約一年，最短命的是雄蟻，活不到一年，雄蟻的任務是在三到四月期間跟蟻后交配，任務結束，雄蟻的壽命也就終止了。

　　螞蟻的性別取決於卵有沒有受精，有受精的會成為雌蟻，沒有受精的則為雄蟻。雌蟻小時候若食物充裕、營養好，長大後就會成為蟻后，要是吃不好營養不足，長大便成為兵蟻和工蟻了。

　　對人類來說，螞蟻是微小又脆弱的一群，但面對再重的食物，牠們還是越挫越勇、奮力搬回巢穴。布農族人在觀察螞蟻的生活經驗中，體認到牠們不凡的耐力和生命傳承的自然秩序，進而敬佩、學習牠們的精神，並藉此來勉勵族人團結、分工合作。

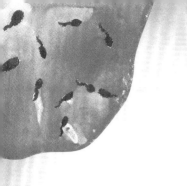

tasa halu-a

一 隻 小 螞 蟻

aiza　　tasa　　halua　　ansa-han　　bainu

nitu　　mahtu　　an-sahan　　lus-ha　　cing-haiding

【生字／片語】

aiza	有	nitu	沒有
tasa	一隻	mahtu	辦法
halua	螞蟻	an-sahan	扛起
ansa-han	扛	lus-ha	結果
bainu	花生	cing-haiding	絆倒

「哇啦啦， 螞蟻搬豆子 」。 有一隻迷路的小螞蟻背著一顆又重又大的豆子， 牠在原地轉呀轉， 找著同伴的蹤影。 抬頭看看四周環境， 發現有八個圓滾滾的大眼睛瞪著他看， 嚇得牠不知所措。

【圖 卓楓國小／莎霏 · 芭拉拉非】

「tama hadul maun cici io… .」「tama hadul maun cici io… .」。
小朋友的歌聲把小螞蟻帶回背豆大隊面前。 「噓！ 小螞蟻，小螞蟻，快快跟上隊伍吧 」。 找到同伴的小螞蟻露出開心的笑容，和同伴交談後就入隊跟著大家前進。

【圖 卓楓國小／劉昀翔】

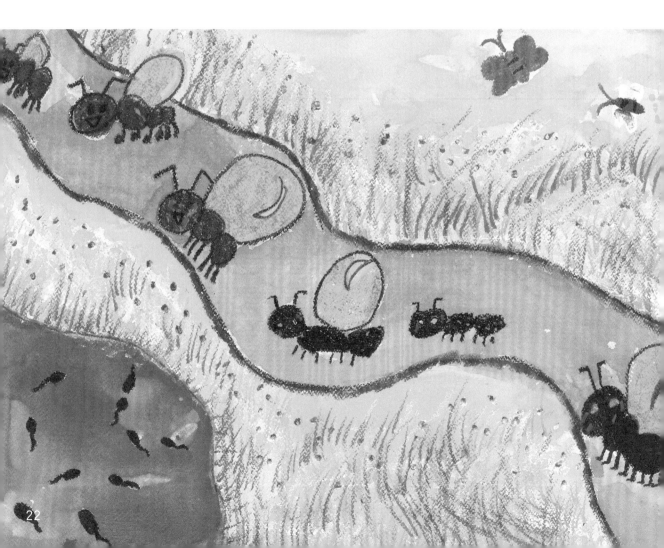

正開心找到同伴的小螞蟻，由於背的豆子太大，背不動就跌倒了。其它的螞蟻看到，笑到跌倒，這一路的艱苦有了快樂的小插曲。大家又開心地背著豆子，排著整齊的隊伍回家了。

【圖　卓楓國小／莎霏‧芭拉拉非、劉昀翔】

23

把豆子放到倉儲裡的螞蟻們，在土壤裡鑽來鑽去回到自己的小窩。跌倒的小螞蟻回家後，媽媽讚美說：「小螞蟻不怕迷路能自己找到隊伍，雖然跌倒了，卻成為大家的開心果，給辛勤工作的朋友們帶來歡樂！」得到讚美的小螞蟻手舞足蹈的笑開了，忘了一天的辛苦。

【圖　卓楓國小／劉皓晨】

24

螞蟻們看到倉庫裡堆滿了食物，都很滿足，今年是個豐收年，不用害怕寒冬的到來。於是夜晚他們舉行了盛大的豐收祭典，狂歡到清晨。

【圖 卓楓國小 ／ 劉昀翔、 劉皓晨 】

lak kukung
刺狐狸洞

　　這是一首描述童年生活片段的歌謠，有一群孩子，到野外抓蝴蝶，玩伴到齊後，有人提議去捉狐狸。找到了一個狐狸洞後，大家輪流用竹子去刺，狐狸受不住刺激與傷害，跑出洞來，終於束手就擒。

歌詞中的狐狸其實是白鼻心，又稱果子狸、花面狸、烏腳香，是台灣的特有亞種。棲息在海拔一千公尺以下的山區，穴居在樹洞或岩洞中。白鼻心的配偶只有一個，所以牠們是成對地活動，洞中也是雙親跟幼子共同生活。白鼻心的特徵是頭部圓大，由額頭至鼻樑有一條明顯的白色帶狀紋路，眼下及耳下有白斑，體色是黃灰褐色，頸、肩、四肢末端和尾巴後半部則為黑色，身體略微圓胖，四肢粗短有力，各有五趾，趾爪銳利。白鼻心是夜行性動物，雜食性，除了小型哺乳動物、鳥類、昆蟲、蝸牛外，也喜歡吃多汁的果類。布農族的獵人們靠白鼻心的腳印與糞便來追蹤牠們。

lak kukung

刺狐狸洞

---

hang hang laibu laibu

tali-kuan   bunun   nani

na sulukun   lak   tu   kukung

【生字／片語】

hang hang　　烘乾
laibu laibu　　旋轉
tali-kuan　　蝴蝶
bunun nani　　人們

na sulukun　　刺
lak tu　　洞
kukung　　狐狸

【圖：卓楓國小 ／ 季松羚 】

　　從前從前，　在海拔 1200 到 2000 公尺的高山上，　住著一群熱愛大自然的布農族人。　有一天，　一群布農族小朋友們，　開心的到山上遊玩抓蝴蝶。

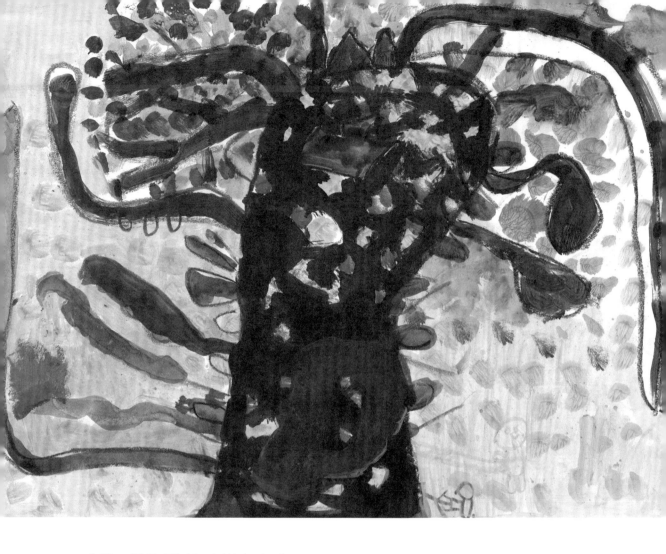

【圖：卓楓國小／林志文】

　　山上有一顆非常大的巨木，巨木裡面有複雜的洞穴和隧道，小狐狸跟他的家族和同伴就住在這裡。

【圖：卓楓國小／洪彥皓 】

　　巨木旁有一一條清澈的小溪，是狐狸們平常抓螃蟹、魚、撿果子，和玩水的地方。今天卻有一一隻小狐狸還在樹洞裡沒出門。

【圖　卓楓國小／盧如萬‧亞芮伊 】

　　原來是這隻小狐狸很偷懶，趁著同伴們都出去工作沒注意時，牠卻偷偷跑回樹洞睡覺，還不小心留下了一大堆腳印。

【圖：卓楓國小／莎霏‧芭拉拉非】

　　小朋友們跟著小狐狸的足跡，找到了狐狸洞，看到小狐狸在睡懶覺，就拿竹子戳，想要叫醒牠，告訴狐狸不可以偷懶，也要跟同伴一樣勤勞的工作喔！

simah tisbung bav
誰在山上放槍

　　歌曲本身就是描述布農族獵人生活型態的故事。

　　小孩聽到山中傳來槍聲，好奇問長輩：「誰在山上放槍？」歌曲以問答的方式進行，表現出親子間的互動與情感，而逗趣的歌詞則傳達了生活性與教育性。

34

歌詞中布農族語 hangvang， 泛指居住在山上的大體形的鹿， 是布農族狩獵時重要而且常見的獵物。

　　位於卓溪山區的 Daq daq， 是布農族語「舔」的意思， 因當地時常有水鹿聚集在岩壁汲取鹽份， 而將該區命名為 Daq daq。

　　水鹿是台灣特有亞種， 也是台灣產最大的草食性動物， 頭部為黃褐色， 體色在夏季時為黃褐色， 冬季則轉為暗褐色， 眼睛下方有眼下腺， 只有公鹿具有鹿角。 水鹿以樹葉與嫩草為主食， 現今棲息在高海拔山區， 過去獵人們藉由觀察獵物的糞便或獸跡來追蹤牠們， 但現在水鹿已歸類為保育動物， 不能再獵捕牠們了。

simah tisbung bav
誰ㄕㄟˊ在ㄗㄞˋ山ㄕㄢ上ㄕㄤˋ放ㄈㄤˋ槍ㄑㄧㄤ

simah tisbung bav！ tiang hana dau

maz panahun！ Hangvang hana dau

ming kukua！ ming hang hang

tupai a haisul mabazu a na tilas dasun hanup

masisaupa ludun matapauzu takihangvang

【生ㄕㄥ字ㄗˋ／片ㄆㄧㄢˋ語ㄩˇ】

simah tisbung bav	誰ㄕㄟˊ在ㄗㄞˋ山ㄕㄢ上ㄕㄤˋ放ㄈㄤˋ槍ㄑㄧㄤ	mabazu a na tilas	請ㄑㄧㄥˇ搗ㄉㄠˇ米ㄇㄧˇ要ㄧㄠˋ
tiang hana dau	是ㄕˋ／tiang hana（人ㄖㄣˊ名ㄇㄧㄥˊ）	dasun hanup	帶ㄉㄞˋ去ㄑㄩˋ打ㄉㄚˇ獵ㄌㄧㄝˋ
maz panahun	獵ㄌㄧㄝˋ什ㄕㄣˊ麼ㄇㄜ˙	masisaupa	要ㄧㄠˋ前ㄑㄧㄢˊ往ㄨㄤˇ
hangvang hana dau	水ㄕㄨㄟˇ鹿ㄌㄨˋ	ludun	深ㄕㄣ山ㄕㄢ
ming kukua ming hang hang	所ㄙㄨㄛˇ有ㄧㄡˇ的ㄉㄜ˙動ㄉㄨㄥˋ物ㄨˋ和ㄏㄜˊ鳥ㄋㄧㄠˇ類ㄌㄟˋ	matapauzu	隆ㄌㄨㄥˊ起ㄑㄧˇ
tupai a haisul	請ㄑㄧㄥˇ跟ㄍㄣ haisul 說ㄕㄨㄛ	takihangvang	牛ㄋㄧㄡˊ的大ㄉㄚˋ便ㄅㄧㄢˋ

（此ㄘˇ處ㄔㄨˋ形ㄒㄧㄥˊ容ㄖㄨㄥˊ山ㄕㄢ隆ㄌㄨㄥˊ起ㄑㄧˇ的ㄉㄜ˙形ㄒㄧㄥˊ狀ㄓㄨㄤˋ像ㄒㄧㄤˋ牛ㄋㄧㄡˊ的ㄉㄜ˙大ㄉㄚˋ便ㄅㄧㄢˋ）

【圖　卓楓國小　／　洪彥皓】

　　一名英勇的布農族獵人，在樹林間看見水鹿的身影，準備拉弓要獵捕水鹿，水鹿也發現了獵人，急忙地跑開。

【圖：卓楓國小 / 林志文】

　　勇敢的布農族獵人發現水鹿後，　拔出獵刀，　小心翼翼的靠近水鹿，　想要偷襲牠。

【圖　卓楓國小／莎霏‧芭拉拉非】

　　樹林裡有一隻肥壯的水鹿，聰明的布農族獵人，拿起弓箭，專心的瞄準獵物，他心想：今天一定會滿載而歸。

【圖： 卓楓國小 ／ 盧如萬‧亞芮伊 】

　　荒野裡， 獵人與水鹿正緊張的看著彼此， 獵人已經拉滿弓等待射箭， 水鹿也邁開步伐準備逃命。

【圖　卓楓國小／劉昀翔】

　　一到了狩獵的季節，林野間常常可以看見靈敏的布農族獵人追逐著水鹿，水鹿慌慌張張的逃走，但牠有辦法躲開獵人神準的箭嗎？

41

童盟國04　PG0627

新銳文創
INDEPEDENT & UNIQUE

玉山來的天籟
——布農族的快樂童謠

策劃單位	教育部電子計算機中心
執行單位	花蓮縣數位機會中心、卓溪數位機會中心
企　　畫	黃文樞、須文蔚
統　　籌	蘇美琅
主　　編	吳貞育、陳啟民
編輯委員	蔡宜靜、陳恆鳴、李嘉明
插　　畫	古雨荷、古文龍、呂函、莎霏、芭拉拉非、劉昀翔、
	劉皓晨、季松羚、林志文、洪彥皓、盧如萬・亞芮伊
責任編輯	林千惠
圖文排版	蔡瑋中
封面設計	王嵩賀
語音錄製	涂蕙雯、林梅玲
動畫設計	木田工廠

製作發行	秀威資訊科技股份有限公司
	114 台北市內湖區瑞光路76巷65號1樓
	電話：+886-2-2796-3638　傳真：+886-2-2796-1377
	服務信箱：service@showwe.com.tw
	http://www.showwe.com.tw
郵政劃撥	19563868　戶名：秀威資訊科技股份有限公司
展售門市	國家書店【松江門市】
	104 台北市中山區松江路209號1樓
	電話：+886-2-2518-0207　傳真：+886-2-2518-0778
網路訂購	秀威網路書店：http://www.bodbooks.com.tw
	國家網路書店：http://www.govbooks.com.tw
法律顧問	毛國樑　律師
圖書經銷	貿騰發賣股份有限公司
	235 新北市中和區中正路880號14樓
	電話：+886-2-8227-5988　傳真：+886-2-8227-5989

出版日期	2011年11月　初版
定　　價	240元

讀 者 回 函 卡

感謝您購買本書，為提升服務品質，請填妥以下資料，將讀者回函卡直接寄回或傳真本公司，收到您的寶貴意見後，我們會收藏記錄及檢討，謝謝！

如您需要了解本公司最新出版書目、購書優惠或企劃活動，歡迎您上網查詢或下載相關資料：

http:// www.showwe.com.tw

您購買的書名：_____

出生日期：_____年_____月_____日

學歷：□高中 (含) 以下　□大專　□研究所 (含) 以上

職業：□製造業　□金融業　□資訊業　□軍警　□傳播業　□自由業　□服務業　□公務員　□教職

　　　□學生　□家管　□其它_____

購書地點：□網路書店　□實體書店　□書展　□郵購　□贈閱　□其他

您從何得知本書的消息？

　□網路書店　□實體書店　□網路搜尋　□電子報　□書訊　□雜誌　□傳播媒體　□親友推薦

　□網站推薦　□部落格　□其他_____

您對本書的評價：（請填代號　1.非常滿意　2.滿意　3.尚可　4.再改進）

　封面設計_____　版面編排_____　內容 _____　文／譯筆_____　價格_____

讀完書後您覺得：

　□很有收穫　□有收穫　□收穫不多　□沒收穫

對我們的建議：_____

_____

_____

_____

11466
台北市內湖區瑞光路 76 巷 65 號 1 樓
秀威資訊科技股份有限公司　　收
BOD 數位出版事業部

．．．
（請沿線對折寄回，謝謝！）

姓　　名：＿＿＿＿＿＿＿＿＿＿＿＿＿＿＿＿　年齡：＿＿＿＿＿　性別：□女　□男

郵遞區號：□□□□□

地　　址：＿＿＿＿＿＿＿＿＿＿＿＿＿＿＿＿＿＿＿＿＿＿＿＿＿＿＿＿＿＿＿＿＿＿＿

聯絡電話：(日) ＿＿＿＿＿＿＿＿＿＿＿＿＿＿　(夜) ＿＿＿＿＿＿＿＿＿＿＿＿＿＿＿

E - m a i l：＿＿＿＿＿＿＿＿＿＿＿＿＿＿＿＿＿＿＿＿＿＿＿＿＿＿＿＿＿＿＿＿＿